파랑새의 꿈

파랑새의 꿈

여 재 학 제2시집

시인의 말

두 번째 시집을 내면서….

맑고 투명하게

돋아나는 새싹처럼

여리고 가냘프게

싹을 내미는 봄처럼

그렇게 세상의 봄처럼

꽃을 피웠습니다.

2020년 4월에

弘池 여재학 拜上

제1부

파랑새의 꿈

● 시인의 말

파랑새의 꿈 __ 13
고독 한 잔 __ 14
춘우(春雨) __ 15
세월 __ 16
철길 __ 17
허상 __ 18
고지(高地)가 저긴데 __ 19
국밥집 __ 22
인생 유전 __ 23
네 잎 클로버 __ 24
엄마 __ 25
어머니의 인품 __ 26
세월의 강 __ 28
춘설(春雪) __ 29
적막해 하지 말자 __ 30
여명 __ 31
바로 당신이기에 __ 32
독도야 __ 33
산골 나그네 __ 34

제2부

싫증난 참선

참 좋은 사람 __ 37
추억의 사진첩 __ 38
봄의 파수꾼 __ 39
수줍은 미소 __ 40
폭포 __ 41
할머니와 발바리 __ 42
지금 그대로 __ 43
여름이 간다 __ 44
봄비 향 __ 45
포구(浦口) __ 46
싫증 난 참선 __ 47
육도윤회(六渡輪回) __ 48
너라는 씨앗 __ 49
사랑초 __ 50
자연 치유 __ 51
행복은 자체 발광 __ 52
내가 그대를 좋아하는 이유 __ 53
나는 대우주의 한 세포 __ 54
냉커피 한 잔 __ 55
제자에게 __ 56

제3부

별이다

정 __ 59
어느 노숙자의 다짐 __ 60
세상살이 __ 61
행복한 사랑 __ 62
싶다 __ 64
연모(戀慕) __ 65
무언(無言)의 소통 __ 66
비 온 후 갬 __ 68
태극기 앞에서 __ 70
신발 __ 71
살다가 __ 72
수레바퀴 __ 73
꽃 피는 날에 __ 74
너에게 나에게 __ 75
나의 첫사랑 __ 76
베란다의 가을 __ 77
별이다 __ 78
한가위 __ 79
산비둘기 __ 80

제4부

너 부르기

봄소식 __ 83
연탄 __ 84
기다림 __ 85
봄 냄새 __ 86
달빛 그리움 __ 87
봄? 봄! __ 88
봄 아지랑이 __ 89
행복 찾기 __ 90
마음 꽃 __ 91
인간 혁명(人間革命) __ 92
소심 __ 93
나의 당신에게…. __ 94
청보리밭 __ 95
그리운 당신 __ 96
사랑의 참맛 __ 97
연못 속 수채화 __ 98
내가 좋은가 봅니다 __ 99
마음속에 핀 꽃 __ 100
너 부르기 __ 101
화단의 단상 __ 102
그 애 __ 103
이 죽일 놈의 인연 __ 104

제5부

춘사월

집착 _ 107
삶 _ 108
외로움에 _ 109
이별 _ 110
잡초의 미 _ 111
춘사월 _ 112
갈 날 올 날 _ 113
추억의 엿장수 _ 114
천생연분 _ 115
그립게 시리 _ 116
인생의 향기 _ 118
유랑 _ 119
계절의 길목 _ 120
오월의 산 _ 121
무더위 _ 122
동춘(冬春) _ 123
유구무언(有口無言) _ 124
가을이 오는 소리 _ 125
호박꽃의 수난 _ 126

● **해설** 관찰(觀察)로 빚은 서정(抒情) / 윤제철 _ 127

제1부

파랑새의 꿈

파랑새의 꿈

새야 파랑새야
너의 꿈
나에게 줄 수 없겠니?
나는 꿀 수 없단다
누구나 꿀 수 있는 꿈을….

네 꿈이 좋은 줄 모르겠는데
모든 사람이 네 꿈을 그리워하니까
나
또한, 네 꿈이 그리워서….

이 풍진 세상을 살려고 하니
나도
네 꿈이 필요할 것 같아
오늘도 파랑새 꿈 좇아 길 떠난다

고독 한 잔

불빛 속으로 걸어갔어요
눈 내리는 밤 조용한 그 찻집으로
창가에 걸린 풍경화 한 폭에 넘치는 고독
블랙빈(Black bean) 한 잔에 그리움을 섞어 마셔요

잊어달라 했는데
잊지 못해 다시 찾은 그 찻집
불빛 속을 걷고 걷고
또, 걸었어요

청바지와 골덴바지가 잘 어울리는 당신
백화점보다 시골 오일장이 어울리는 당신
언제까지나 같이 있기를 바랐었는데
잊어달라는 그 한 마디만 남기고 간 당신

알 수 없는 빈 가슴은
별빛 창가에 멍하니 앉아
당신 별과 마주하고 마시는 블랙빈(Black bean)
오늘따라 커피 맛은 쓰답니다

춘우(春雨)

겨울의 끝자락 이른 봄
새벽엔 이슬비 이슬이슬 내리더니
출근길엔 보슬비가 보슬보슬 내린다

맑은 웃음 귀여움에 이슬이라 이름 지었다는
이슬이의 보조개가 생각나는
아침 출근길에 이슬이슬 이슬비
보슬보슬 보슬비 손잡고 마중 나온다

이슬비 속에서 피어나는 보조개
보슬비 뒤로 언뜻 나타난
그대의 미소 나를 얼어붙게 하고

안개 따라 가버린 이슬비
놓칠 수 없다고 뒤따라가는 보슬비
합해서 봄비!

세월

기다려도 오고
기다리지 않아도 온다
가지 말라고 해도 가고
그냥 내버려 둬도 간다
가는 놈을 부여잡고
술 한잔 권하며 달래도 보았건만
기어코 잘나지도 못한 면상을 내밀면서
언 땅을 확인하며
내 몸 이곳저곳을 탐한다

세월은 사람들 몸에서 진을 빼먹고
영혼을 빼먹으면서 살아가는 것 같다

나는 그런 세월을 이겨보려고
달려도 보고
책도 읽어 보고
암기도 해 보고
스트레칭도 하며
손발도 많이 움직여 보았지만
끝내 이기지 못하고 끌려가는 신세다

철길

무슨 원수가 졌나?
만나지 않기로 맹세라도 했나
누군가 교차점을 만들어주면
잠시 잠깐 힐끔 지나치곤
또 평행선이다

무슨 철천지원수라도 되는가
서로 마주 보고 눈 흘기며
오늘도 평행선이다

떼놓으려 해도 떼놓을 수도 없는 사이련만
서민들은 열차 위에 삶을 싣고
불안한 철길 위를 조바심 안고 달리는데
오늘도 변함없이 허세만 부린다

허상

시간이 흐르고
하루
이틀
사흘
그렇게 날도 더디게 지날 때
지친 그리움에 애가 타

허기진 목마름에
한 모금
또, 한 모금
그렇게 스며드는 그리움은
아무리 세월이 흘러도
끝이 없을 것 같았거늘

이제는 그러한 그리움도
시간만 허비하는
꿈의 세계

고지(高地)가 저긴데

후궁의 치마폭에 휘감겨 세상을 못 보더니
그들의 투기에 갈팡질팡 갈피 못 잡고
엉뚱한 대신들에게 화풀이하다가
나라는 만신창이 되어
넘어간 권력 되찾을 길 없어라

서민들은 못 살겠다고 아우성치는데
권력자들 네가 옳다 내가 옳다
당파싸움에 집안싸움까지
남녀를 가리지 않고 심하더니

나라 잃고 독립운동한다느니
나라를 찾자느니
일제가 나쁘다느니
목청껏 소리소리 지르고 하더니만
독립되어 자유 찾고 살 만하니
우리가 언제 식민지 생활했었느냐

공산주의만 찾고 민주주의만 찾다가
나도 원치 않고
너도 원치 않았건만
우리의 운명은 허리 디스크 환자 되어

몇 번째 연골이 잘못되었는지 찾지도 못하고
북쪽 탓 남쪽 탓 탓 탓 탓….

산업화 이룩하여 나라 살림 일으켜 놓으니
독재자라느니
권력의 욕심 때문이라느니
모두가 내 잘났다. 떠든다

근로자들의 대변자랍시고 딴죽 걸고
달콤한 말로 부추겨놓고 빠지니
어떤 자들은 감옥 가고
어떤 이는 목숨까지 내놓으니
죄인은 누구인가?

나라 발전시켜놓고 고이 잠든 영웅들이여!
지금 이 나라를 보고 계신다면
혼을 불어넣어 주세요
고지가 바로 코앞인데
전진은 하지 않고 내 편 네 편 되어
편 가르기에 서민들 뿔났다

비리비리 자고 나면 터지니
잘 될 징조인가 망할 징조인가
세월은 말없이 무심히 흐른다

국밥집

눈발 날리는 시내 한복판
복잡한 시장에 오고 가는 장꾼들

순대국밥 한 그릇
후후 불면서 소주 한 잔 목으로 넘기며
쌀쌀한 날씨에 더불어 훈훈한 몸속
따뜻한 훈기가 온몸으로 퍼진다

맛나게 끓여진 순대국밥 한 그릇에
소주잔 손에 들고 부어라 마셔라
세상 이야기 오고 간다

갈 길은 멀고 마음은 바빠도
소주잔에 온 세상 이야기는
항상 내가 주인공이다

너와 내가 벗 되어 길동무 되고
시장 안 국밥집 소주 한 잔은
가는 세월 인생 예찬의 생방송
모두가 주인공이다

인생 유전

가슴속에는
항상 무너지지 않는 행복이
찬란히 떠오르는 태양처럼
세상을 비추고 싶다

마음속에는
쉼 없이 전진하려는 내 마음의 청춘
밤낮없이 움직이는 대자연 속에
두뇌 속 기어를 맞물리고 싶다

앞날에는
항상 찬란히 빛나는 인생의 태양
맑음으로 세상을 비추는 젊음의 보석
시(詩)가 되고
노래[樂]가 되고
그림[畵]이 되어
푸르른 인생의 나침판이 되고 싶다

네 잎 클로버

네 잎 클로버 찾으면 행운이 온다고 했던가
자기 행운 찾겠다고 흔한 세 잎 클로버를
마구 짓밟는 발자국들
자기 가슴속에 행복이 있다는 사실을 모르는지

네 잎 클로버를 찾았다고
무조건 행복이 오든가?

마음속 행복은 못 찾으면서
그저 상대성 행복만 찾으려고 애를 쓴다

엄마

세상 어디에 이런 훌륭한
의사가 있을까

세상 어디에 이런 훌륭한
요리사가 있을까

세상 어디에 이런 훌륭한
가정교사가 있을까

세상에 엄마보다
강한 것은 없으며
엄마보다 약한 것이
또 어디에 있으랴

실금 잡힌 엄마의 모습
굳은살 박인 엄마의 손
흐르는 세월 따라 빛을 더욱 발한다

어머니의 인품

어머니의 마음은 엄함과 다정함을 지니셨고
거기엔 어머니 특유의 아름다움 배어 나와
내 주위를 맴돕니다

화려함이나 지위보다 재산이나 명성보다
한번 싱긋 웃어주는 내 모습에
더 행복해하셨던 나의 어머니
지금 계시는 곳은 춥지나 않으신지
제 목소리 들리시나요
불효자식은 이제 철이 들려나 봅니다

목련과 같이 순박함에 무궁화와 같이 중후함
진달래보다 더 화사함에
태양과 같이 따스함을 지닌 어머니!
그 마음 모르고 미운 마음 가졌던 것이 후회됩니다
지금 이런 마음 가져봐야 소용이 없다는 것 알지만
후회가 되기에 불효한 마음 줄어들까 엎드려 웁니다

자식들을 사랑하셨기에
비바람 몰아쳐도
눈보라 휘날려도
멈추지 않는 자식 사랑에 항상 마음 아파하시던 모습
주마등처럼 내 머리를 스칩니다

침상에서 가만히 불러 당부의 말씀 귓가에 생생합니다
항상 따스한 난로와 같은 마음으로 길러주신 이 자식은
새롭게 밝아오는 여명의 아침을 맞이하려 합니다

세월의 강

건너온 강
건너갈 강

강물 속 잡다한 모래 자갈
우리가 걸러내야 할
강물 속을 들여다본
나의 침묵을 세상은 알까

여물지 않는 나의 인생
가슴으로 울부짖고
가끔 내 안에서 충돌 일으킨다

때로는 새장 속의 새처럼
세월에 갇혀
세상에 갇혀
삶에 지쳐 살아감이여!
발길 멈추고 뒤돌아보니
여태껏 내 사색에 갇혀 헤매고 있었네

얽혀 있는 과거 속 고리를 풀어도
기억 돌려 생각하니
산다는 건
세월의 강물 속 모래 자갈 같은 것

춘설(春雪)

새벽 뚫는 찬바람이
창문 두드리며
휑하니 지나간다

가슴속에 스미는 바람은
한참을 머물고
눈은 바람에 휘날려
파르르 가슴에 쌓인다

이럴 때면 부드럽고 따뜻한
그 누군가의 손길이
참 그립기만 하다

적막해 하지 말자

꽃이 피기를 기다려 하루 이틀
조급해하지 말자 꽃이 피어도
하나둘 지기 시작하면 속절없는 것
적막해 하지 말자

기다려도 기다리지 않아도 피는 꽃
개화(開化)를 시작하면
눈 깜짝할 사이에 만발하니
적막해 하지 말자

애써 가지고자 할 때
그리워한 것이 너인 것을
지치지 않을 만큼만 그리워할 걸
너무 많이 그리워했나 보다
내 마음이 적막한 걸 보니

여명

새벽하늘에 날리는 눈 사이를 뚫고
창가로 새 한 마리 날아와
자동차 소리와 합창을 한다

짹짹 부릉부릉 부르릉….
엔진 소리가 새벽을 깨우고
새 소리가 고요함을 흔들어 나를 깨운다

투덜투덜 새들 나무라는 사이
투덜거림을 알았는지
엔진 소리를 헤치고 날아가는 새

여명(黎明)을 앞세워 비집고 들어오는 새벽
오늘도 어김없이 어둠을 밀어내고
온 세상을 환하게 비춘다

바로 당신이기에

첫 만남에서 대화가 통하는 사람
마음과 마음이 교감 되는 사람
눈빛이 맑고 긍정의 사람
바로 당신이기에 나는 행복합니다

아무 일 없이 같이 앉아만 있어도
오랜 친구처럼 편함을 주는 사람
바로 당신이기에 나는 행복합니다

이른 아침이든 늦은 밤이든
서로 만나기로 약속만 해도
가슴 떨리게 하는 사람
바로 당신이기에 나는 행복합니다

만남의 약속도 없이 길에서 만나
찻잔 사이에 두고 삶의 넋두리할 때도
자비의 눈길로 고개 끄떡여 주는 사람
바로 당신이기에 나는 행복합니다

당신 같은 좋은 사람이 옆에 있다는 것이
나에게는 무한한 영광이고 축복입니다
내 옆에 이렇게 좋은 사람이
바로 당신이기에 나는 행복합니다

독도야

갈매기 떼
바위에 앉아 노닐다가
내가 독도에 닿기도 전에
어떻게 알았는지
우르르 날아올라 마중을 나온다

반갑다고 끼룩끼룩
어서 오라고 끼룩끼룩

대한민국 동쪽의 끝 섬
독도의 하늘엔 괭이갈매기
구름 타고 신선 되려나
바람 따라 높이 오른다

바다제비 집 지으려고 하나
화산암 틈새 파고들면
독도는 간지러워 파도로 춤을 춘다

조상님들의 얼이 살아 숨 쉬는 곳 독도
독도의 파수꾼 등대여
독도 지킴이 갈매기들이여
잊지 마라. 외로워 마라!
이제 나의 숨소리도 남겨놓고 간다

산골 나그네

산 너머 오솔길 홀로 걸을 때
해는 산 너머로 아쉬움 남기고
고라니 한 마리 걸음아 나 살려라
붉은 저녁노을 산 나그네 얼굴 비춘다

산 밑으로 보이는 것은
아파트 빌딩 숲 가슴 조이고

눈에 보이는 것은 사람들 붐비는 모습
귀에 들리는 것은 자동차 클랙슨 소리
뒷산까지 날아들어 귀를 때린다

제2부

싫증난 참선

참 좋은 사람

참 좋은데 그 사람이
왜 좋은지 얼른 생각이 나지 않네요
그 사람이 어디라고 꼬집을 데 없이
다– 좋으니까 그렇겠죠?

그 사람이 나에게 잘해주는 것도 없는데
왜 좋아지는지 모르겠어요
그렇다고 남들보다 특별히 잘난 것도 아니고
못난 것도 아닌데 누가 물어오면
얼른 대답하지 못하고 망설이게 된답니다

내가 아파할 때 살며시 다가와
술 한잔하자던
시작도 없고 끝도 없이 좋은 사람
그 사람은 바로 당신이랍니다

추억의 사진첩

시간이 허락한 날 한 장 한 장 넘기며
옛 추억에 빠져서 헤어나질 못한다

머릿속에 저장해 두었던 압축파일
하나하나 풀어보니 우습기도 하다
눈가엔 웃음이 살짝 피어나고
그러다 쑥스러움에 빛바랜 사진첩을 덮어 버리고
보지 말자면서도 또 손이 간다

한 장씩 넘길 때마다
파일은 알아서 화면에 창을 띄워 준다
그럴 때면 입술은 삐죽거리기도 하고
이내 미소를 머금고 황홀감에 빠지기를
몇 번이나 했을까

이제는 마지막 장이다
내 머릿속 파일은
항상 후회할 일만 저장이 되는가 보다
머릿속 파일을 바꿀 수 있다면
하는 마음 간절하게 만드는 지금이다

봄의 파수꾼

자신들의 사명에
서둘러 새 생명을 잉태하는
산 위의 나무들
산 아래 잡초들
모든 것이 만남과 이별의 반복

자연의 이치에 수긍해야 하는 나는
겨울의 끝에서, 봄의 초입에서 너를 부른다

아! 아!
논개의 입술보다 진한 진달래꽃이여!
갓 깨어난 병아리 깃털보다 진한 개나리꽃이여!
내 첫사랑의 사연보다 맑고 순결한 목련꽃이여!
갈수록 예뻐지는 그대들은 진정한 봄의 파수꾼

수줍은 미소

지금 당신의 얼굴 위로 나타난
환한 미소에 시를 써 내려갑니다
당신의 미소 위에 시를 쓰니
한 구절 한 구절 묻어나는 수줍음이
괜한 그리움으로 가슴이 벅찹니다

미소에 묻어나는 그리움은
머–어–ㄴ
그리움인지
옆 그리움인지
수줍음에 하얀 미소만이 흐릅니다

폭포

저 높은 곳에서 무서운 기색도 없이
절벽을 타고 내려온다
아이들 미끄럼틀 타듯이
벌거벗은 알몸뚱이로 부끄럽지도 않은가?

무엇이 그리도 좋은지
밤도 없고
낮도 없이
그칠 줄도 모르고 번개와도 같이
쉼도 없어라

폭포 밑에선 왁자지껄
아이들이 즐겁다

위에서부터 무지개 타며 부르는
물방울들의 합창 소리
웅장한 사랑의 변주곡
아-
내 사랑의 상징이런가

할머니와 발바리

할머니가 발바리와
산책을 한다
얼마나 갔을까
할머니를 끌다시피 가던 발바리
제자리에 가만히 서 있다

할머니가 다가오자
발바리가 힘드냐고 묻는 것 같다
할머니가 어서 가자고 끌어도
쉬엄쉬엄 가자며
버티고 서서 꿈적도 하지 않는다

할머니는 다가와 귀엽다고 쓰담쓰담
발바리는 할머니 손과 발을 핥는다
그 모습을 보고 있으니
입가에 미소가 절로 난다

지금 그대로

꾸밈없는 당신
지금 그대로가 좋아요

수수한 옷차림에 중년의 꽃으로
털털하게 사는 당신
지금 그대로가 좋아요

남들에게 피해 주지 않고
세상사 눈치 안 보고 사는 당신
지금 그대로가 좋아요

누구에게나 공명정대하고
언제나 공과 사가 분명한 당신
지금 그대로가 좋아요

말수는 적지만 마음이 너그럽고
누구에게나 웃어주는 당신
지금 그대로가 좋아요

여름이 간다

가을이 여름을 몰아내려고 한다
더위를 시샘하여

물소리도 어제 다르고 올 다르다
산에 핀 어여쁜 꽃잎처럼

찬바람 다녀간 묘(墓) 등엔 방아깨비가
가을 색으로 옷을 갈아입느라 한창이다

하늘에 떠가는 구름은 솜사탕 되어
내 눈을 유혹하니
입안에는 군침이 한가득 꿀꺽 넘어간다

봄비 향

아기자기 쭉쭉 뻗은 산책로
연초록으로 부는 바람
녹색 향기 풍기고

소리 없이 사르르 사르르
아카시아 꽃잎에
빗방울 대롱대롱 그네를 탄다

하얀 꽃잎엔 백진주
나뭇잎엔 루비 꽃잎엔 백진주
옥구슬 되어 머리 위로 떨어진다

그나저나
봄 가뭄에
흠뻑 쏟아지면 좋으련만
사람들의 애만 태운다

포구(浦口)

부딪치는 푸른 물결 조각조각
푸른 하늘 아래
오늘의 여정도 고달파라

고할 곳 없는 피로의 여정
저 멀리 바라보며 고할 곳 찾는다

바라본 저 멀리 푸른 추억은
해 따라 붉게 물들어 마음속에 찾아들고
우뚝 솟은 건물들은 손짓한다

하나둘 사라지는 산 그림자들
별들 기다리며 나와 눈 맞추고
포구를 술래 삼아 숨바꼭질한다

싫증 난 참선

오늘은 쉬는 날
흔히들 닭장이라고 부르는
높다란 아파트 속 혼자만의 공간
카카오미니가 음악을 틀어준다
트로트
발라드
팝송
조용한 카페 음악까지

실증이나 꺼버리고 혼자만의 참선
가부좌 틀고 앉아 십 분 이십 분
아! 덥다

그 흔하디흔한 에어컨도 없이
선풍기 바람에 아이스커피 한 잔으로
가부좌 틀고 두 번째 도전엔
적막함과 잡념의 욕심들이 충돌을 일으키고
더위는 절정에 다다른다

훌렁훌렁 벗어던지고
다시 한번 샤워로 더위를 식힌다
이리하여 참선은 싫증으로 끝나고
몸은 어느새 밖으로 향한다

육도윤회(六渡輪回)

쌀쌀한 날씨 속에
발걸음 더욱더 빨라지고

흘러가는 강물 같은 세월
후회해도 소용없다 하네

돌고 도는 인생은
육도윤회(六渡輪回)라고 했던가

인생 속으로 파고드는 고뇌
나를 성장시키는 원동력

마디마다 맺힌 사연
쓰디쓴 보약(補藥)일세

너라는 씨앗

내 가슴속에
너라는 씨앗 하나
심어 놓고 싶다

내가 너를
얼마나 사랑하는지
내 가슴속 좀 봐 달라고

사랑초

사랑초 피기를 기다렸습니다
하루
이틀
하지만 피지 않았습니다

적막(寂寞)함 만이 다가옵니다
하루
이틀
그래도 피지 않았습니다

끊임없이 기다렸습니다
한 달
두 달
내가 보지 않는 틈을 이용해
어여쁘게 피었습니다

자연 치유

답답할 때면 언제나 찾아가는 그곳
아름다운 산과 싱그러운 바람
항상 나를 반겨줍니다

이름 모를 꽃들이 아름답게 피고
이름 아는 꽃도 활짝 웃으며 반깁니다
산 위에서 펼쳐지는 자연과의 대화
쌓였던 스트레스 어느새 날아갑니다

목련꽃 지고 나리꽃이 피더니
지금은 나리꽃 지고 칡꽃이 피었습니다
이 칡꽃이 지고 나면 무슨 꽃이 필까요
저기 있는 구절초와 초롱꽃이 피어서
나를 반기리라는 기대를 해봅니다

소나무가 그늘을 만들어 줍니다
옆에는 낙엽송 내려다봅니다
그 속에 내 미소 덩달아 피어납니다

행복은 자체 발광

행복 계단 있다기에 거기에 갔었다
아무리 오르고 올라도
다리만 아프고 행복은 없었다

숨차고 힘들어 쉬면서 물 한 모금 마셨다
우연히 쳐다본 하늘에 구름이
비웃듯 지나가고 바람이
보안요원이나 된 듯이 내 몸을 수색한다

바람이 지나가며
내 귓가에 전한 말
이 세상 살아가는 자체가 행복이야

내가 그대를 좋아하는 이유

내가 그대를 좋아하는 이유는
그대만 생각하면 기분이 몹시 상쾌해지고
괴롭고 힘들어도 그대만 생각하면
무작정 힘이 생기고 용기가 생기기 때문이랍니다

내가 그대를 좋아하는 이유는
내가 가지지 못한 것을 그대는 전부 가지고 있죠
망망대해 광활하게 펼쳐진 바다 위에도
밤하늘에 반짝이는 별들에게도
아름답게 울리는 노래 속에도
그대의 가슴에 가득 채워진 시 한 구 절도
내 마음을 사로잡았기 때문이랍니다

내가 그대를 좋아하는 이유를
굳이 말하려고 해도 무슨 이유로 발단이 되었던
그대를 좋아하는 진정한 의미를 어떤 식으로 든지
굳이 표현해야 한다면 이유가 없는 게 이유겠지요

내 곁에 내 가슴에 그대가 자리 잡았기 때문이고
우연히 그리고 서서히 필연이나 운명처럼
당신이 내 가슴에 물들었기 때문이랍니다

나는 대우주의 한 세포

삼라만상은 대우주
나의 몸은 소우주
푸른 강 푸른 바다는
대우주의 소동맥과 대동맥

산골짝에 흐르는 맑은 물
동네 앞 흐르는 도랑물
대우주의 실핏줄

인간들은 대우주 하나하나의 세포들
대우주를 죽이기도 살리기도 하는 인간들
나는 그 수많은 세포 중 한 세포
무엇을 담당하는 세포일까

침묵으로 일관하는 대우주의 심장
잘 뛰고 있는지
영혼의 별꽃 품은 밤하늘
어둠과 빛 사이에서 고민 고민

대우주도 인간들처럼 건강하게 오래 살려고
지진으로
화산으로
용암으로
세포들을 긴장시킨다

냉커피 한 잔

땀 뻘뻘 흘리고 난 후
마시는
냉커피 한 잔
목으로 넘어가는 시원함
뜨거운 열기에 지지 않겠다고
몸속까지 파고든다

뜨거운 태양의 열기를 피해
시원한 그늘막에서
어울림으로
함께 마시는 냉커피 한 잔
시원하게 더위를 식혀준다

제자에게

너는 나를 잡초로 보아도
나는 너를 꽃으로 보련다
왜냐고는 묻지 마라. 너의 마음만 아플 거다

이 세상이 너를 괴롭힌다고 생각하겠지만
세상은 너의 스승이란다
왜냐고는 묻지 마라. 너의 마음만 아플 거다

너는 이 학교를 보잘것없는 학교로 보겠지만
이 학교는 너를 이 나라의 보배로 볼 거다
왜냐고는 묻지 마라. 너의 마음만 아플 거다

약자에게 잘난척해 봐야 네 기분은 좋을지 몰라도
네 인격은 웃음거리뿐이라는 걸 잊지 마라
왜냐고는 묻지 마라. 말해주면 네 마음에 상처만 남을 거다

제3부

별이다

정

세월은 내 앞을
그냥 지나가지 않는다
꼭 나에게
정이란 단어를 안기고 간다

세상의 모든 정
나에게 떠맡기고 가면
난 어이하라고

쌓인 정 차마 떨치지 못하고
부둥켜안고 발길 돌린 귀갓길에
등허리로 쌓인 정 홀로되어 우는구나

어느 노숙자의 다짐

이제 눈물 흘릴 시간이 없다
목소리 죽여 울 시간도 없다
누구처럼 나 자신을 포장할 생각은 더더욱 없다
그렇게 찾은 행복은 오래가지 못한다는 것을 알기에
다만 현실을 직시할 뿐

비바람 몰아치고
눈보라가 닥쳐도 좋다
절대 단념의 마음 없을 것이다
아무리 힘들어도 가족의 행복을 위해
아니 나 자신을 위해

흐르는 물에는 이끼가 끼지 않듯이
내 인생의 앞길엔
절대로 이끼가 끼지 않게 할 것이다

세상살이

숨 가쁘게 살아온 날들
오늘도 두 남녀는 발버둥 친다

모든 것이 다- 오르는데 오르지 않는 것은
오로지 두 남녀의 월급뿐
세상살이는 점점 빈익빈 부익부
막을 자는 진정 없는 건가?

파란 하늘 걸으며
세상 내려다보던 흰 구름
세상 돌아가는 모습에
싱긋이 미소만 짓는다

미소 짓던 흰 구름
내려다보며 웃는다
허허허….
나도 따라
허허허….

행복한 사랑

세상의 희로애락을 초월하여
한 세상 서로에게 빠져 살 때
끝없는 사랑은 이어진다고
한 치의 망설임도 없이 말했지
너와 나의 사랑은 천만년을 이어갈 사랑이라고

천상천하에 둘도 없는 너와 나의 사랑
세상 사람들이 모두 그렇게 말들을 하지
이룰 수 없는 사랑이라고

세상은 우리의 사랑을 갈라놓으려고
얼래보고 달래보고 협박도 했지만
바다 위를 달리는 성난 파도처럼
더욱더 세차게 달려드는 변함없는 사랑에
두 손 들고 세상이 항복이다

세월 따라가는 사랑이 우리들의 탓인가
그들의 이 같은 사랑이 세상 탓인가

새하얀 자작나무 숲이
하늘로 쭉–쭉– 뻗은 대나무 숲이

영화의 한 장면인 것처럼
우리 둘의 모습은 인생의 한 장면

천만년 살 수는 없겠지만
우리는 그냥 이렇게 살자
산속 깊은 옹달샘이
봄
여름
갈 날에도
맑게 맑게 끝없이 샘솟고
동지섣달 긴긴 겨울날에도 얼지 않고
쉼 없이 맑게 맑게 솟아오르듯이

싶다

내가 행복하다고 생각할 땐
행복이 찾아왔으면 싶다
내 마음속 심장이 느낄 수 있도록

내 몸 안에 흐르는 피가
다 익은 앵두보다 붉다고 말하고 싶다
사실이 그러니까

너를 좋아하지는 않지만
너에게 고맙다고 말하고 싶다
항상 긴장을 놓지 않게 하니까

머릿속은 너를 감싸려고 하는데
내 가슴은 자꾸만 너를 밀어낸다
왜 그런지 내 가슴에 묻고 싶다

나를 무시하는 너에게
남을 무시하지 말라고 충고하고 싶다
남을 무시하는 대리만족은
먼 인생길에 초라한 성적표일 뿐이니까

연모(戀慕)

까마득히 먼 옛날
이 세상에
최초의
인물은 누구였을까?
나만 궁금했을까?
아니겠지
너도 궁금했겠지

지금 비는 내리고
내 머릿속은
훨훨
여행을 떠난다

저만치 밀려오는
내 그리움
네 기다림으로….

무언(無言)의 소통

사람들의 소통은 언어뿐이던가
행동, 표정, 미소도 있지 않은가
그 소통은
내 마음과 네 마음의 한 문장
너와 내가 이상으로 가는 무언(無言)의 소통

손짓과 발짓
다정한 몸짓으로
감정에 호소하는

적절하게 몸짓으로 호소하는 소통은
일회용이 아니라
항상 분위기로 먼저 다가오는 소통
자신들만이 가지는 진실
표현력으로 하는 소통
너와 내 안에 조용히 자리 잡았다

늘 마음속에 조용히 머물다가
급할 땐
먼저 행동하는 몸짓의 소통

손짓
발짓
몸짓
표현력의 모든 것이
내 안에 붙박이로 머문다

비 온 후 갬

언제부터였는지는 모르겠지만
당신이 내 옆에 와 있네요
우리 다시 시작하는 건가요
이제는 떨어지지 말아요
우리 사랑 끝날 때까지

이제 우리는 하나가 된 거죠?
내 힘들게 살아온 세월이 너무나 길어서
당신을 만나면 따지려고 했는데
기나긴 시간 속에서 다시 한번
그리고
또다시 한번 당신 생각날 때면
내 가슴은 아프다 못해
쓰리기까지 했답니다

어느 광고에 묻지도 않고
따지지도 않는다는 말처럼
나 또한 그러하겠습니다
왜냐고는 묻지 말아 주세요
둘이서 한마음이 되었다는 사실만으로 충분하니까요

이 세상 모든 걸 다 가진 행복한 삶으로
손끝으로 느껴져 오는 부드러움으로
비 온 후 날이 개이면 땅이 굳듯이
당신과 나 사이도 그렇게 굳겠지요

태극기 앞에서

우리의 선조는 자유와 평화를 사랑했다
평등을 외쳤다
이 한 몸 다 바쳐서

우리는 쟁취했다
자유를!
평화를!
전 세계가 반겼다
우리의 독립을

피와 땀으로 쟁취한 자주독립
내 머릿속에 맴도는 33인의 대표
군중의 외침
대한독립 만세!

군중 속으로 태극기 들고 뛰어다니는
내가 겹쳐지고
총칼에도 두려움 없이 당당히 맞서서 조상들의 얼
과연 나 같으면 목숨 걸고 대항을 할 수 있었을까
모진 고문에도 굴하지 않고 일궈낸 대한독립
태극기 앞에서는 항상 마음이 겸허(謙虛)해진다

신발

누가 내 맘을 알겠는가
낡고 냄새나고 아픔이 있는

이리저리 끌려다니며
돌덩이에 차이고
흙먼지에 콱콱 숨이 막혀 와도
주인 허락 없이는
편히 쉬지도 못하는 삶

이내 몸 너덜너덜 만신창이 되어
제발 날 쉬게 해 달라고 떼를 써도
무시해버리는 주인이 얄밉기만 하다

살다가

인생 살다가 보면
싸우기도 하고
아프기도 하고
실수도 하지
그러다가 세상과 정이 들지

인생 살다가 보면
넘어지기도 하고
다치기도 하고
울기도 하고
웃기도 하고
그러다가 세상과 친구가 되지

인생 살다가 보면
미워도 하고
사랑도 하고
배신도 하고
헤어지기도 하고
그러다가 미움도 사랑도 알게 되지

수레바퀴

수레바퀴는 거부하지 않는다
위에서 아래로 가는 것을
아래서 위로 가는 것도

수레바퀴는 거부하지 않는다
내가 타고 가는 것을
내가 험한 길로 끌고 가는 것도

수레바퀴는 거부하지 않는다
내가 천천히 끌고 가는 것을
내가 아무리 빨리 끌고 가도

수레바퀴는 아는 것 같다
세상이 둥글게 흐른다는 것을

꽃 피는 날에

꽃 피는 날에
봄이라는 문 활짝 열고 맞으려 하네
내가 좋아하는 시(詩)에 음률 맞춰 바치려 하네
하얀꽃
노랑꽃
빨강꽃
초롱꽃 들고서 열린 내 가슴속으로
들어온 당신이 내 마음 진정시켜주었네

꽃 피는 날 기다랗고 넓은 하늘에
당신 닮은 꽃구름이
날 보고 웃어주네

철쭉
카네이션
제비꽃
민들레 홀씨도 날아가며 미소 짓네
그대 따라 싱글벙글

너에게 나에게

넌 나에게 묻지만
난 너에게 말하고 싶다
사랑할 시간도 없는데
미워할 시간이 어디 있냐고

넌 나에게 묻지만
난 너에게 말하고 싶다
내 눈엔 너뿐이 보이지 않는데
다른 사람이 어떻게 보이냐고

넌 나에게 묻지만
난 너에게 말하고 싶다
봄이 돼야 만물이 싹을 틔우는데
한겨울에 어떻게 싹을 틔울 수 있냐고

넌 나에게 묻지만
난 너에게 말하고 싶다
차디찬 가슴은 잠시 접어두고
너의 그 따스한 마음으로
내 가슴 녹여주면 어떨까 하고

나의 첫사랑

첫눈이 내리는 날은
왠지 마음이 설렙니다

펄펄 날리는 첫눈을 맞으면서
마냥 즐거움에 철없던 그때가
생각이 나서 괜스레 마음이 설렙니다

그때는 몰랐었는데
지금에 와서 이 마음의 설렘은
무슨 이유인지 모르겠습니다

베란다의 가을

어둠이 어둑어둑 내리깔리는 가을밤
어디로 들어왔는지 아파트 베란다 창문을 여니
귀뚜라미 두 마리 튀어 오릅니다
놀란 가슴은 새가슴 되어 소리 지릅니다

놀라는 소리를 들었는지 못 들었는지
당당하게 들어와 잠깐 거드름을 피우더니
이리저리 뛰면서 집안 탐색을 시작합니다
머무를 보금자리를 찾나 봅니다

작년 이맘때쯤에도 막무가내로
불쑥 튀어 들어와 놀라게 하더니
오늘도 역시나 당당합니다
작년의 그놈들이 아닐까 하는 의문이 생깁니다

별이다

마당 감나무 밑
들마루에 누워서 하늘을 보니
별이 보인다
하나둘 셋….

아!
별!
별을 쳐다본 지가 얼마 만인가
별은 항상 그 자리에 있다
아직도 어릴 때 보았던 그때 그 별이다

별은 예나 지금이나 변함이 없건만
우리네 인생은 한세상 사는 사이
참, 많이도 변했습니다

한가위

해마다 음력 팔월 보름이면
감이 벌겋게 익어가고
대추는 익을까 말까 망설임에
밤송이는 가슴 활짝 열어젖히고
알밤 자랑에 여념이 없는 사이
논에서는 통통하게 잘 익은 벼 이삭
황금물결 일으키며 살랑살랑 춤을 춥니다

마루 위에선 옹기종기 모여 앉아
보름달처럼 둥글고 예쁘게
막내 손주 얼굴처럼 곱게
온 가족이 송편을 빚습니다

함께 모여 둘러앉은 자리마다
선명해지는 정겨운 풍경

입맛 다시게 하는 구수한 냄새
얽히고설킨 소소한 옛이야기는
가족의 이름으로 더욱더 풍요로운 명절
오늘따라 한가위 보름달이
더욱더 선명하게 비춥니다

산비둘기

나뭇가지 위에 산비둘기 한 쌍
구구구….
위해 주고 아껴 주고 보살펴 주다가
둘이서 눈이 맞았나
서로 사랑놀이 즐기는구나

비좁은 곳에서 알 깨고 나온 새끼들
나무 밑으로 떨어질까
어찌 좀 불안 불안하다

내가 이렇게 걱정을 하건만
둥지 안 새끼들은
장난에 여념이 없다
저러다 떨어지면 어쩌려고

제4부

너 부르기

봄소식

꽝꽝 얼어버린 땅
박차고 나오려는 싹
아직은 추우니까
조금 더 기다렸다 나오라는
산새들의 합창 소리

유난히도 추웠던 올겨울
봄이 오기는 오려나?

뒷동산 잔디 위에
눈 녹는 소리
양지쪽 산토끼 앞발로 세수하는 한낮
봄이 오기는 오려나 보다

연탄

너와 나는 어제 밤새껏 정열을 불태웠지
활활 마음껏 말이야
이제는 죽어도 여한이 없어
이 내 몸 하얀 재가 될 때까지
사랑을 불태웠으니

하룻밤 풋사랑이지만
죽어서도 붙어있으려고 했는데
우리의 사랑을 떼어놓고선
다른 놈 붙여주며 같이 있으라고 하네

알지도 못하는 놈과 붙으니 괜히 어색하네
또!
나의 몸 불살라야 하나
사랑이란 이런 건가?

사람들은 왜 우리에게 강요하는 걸까
살신성인(殺身成仁)을….

기다림

그는 갔다

기다리는 동안 꽃을 따서
반지를 만들었다. 꽃반지를
팔지도 만들었다. 꽃팔지를
하지만 그는 그때까지 오지 않았다

웬일일까?
그냥 기다리기가 뭐 해서
목걸이도 만들었다. 꽃목걸이를

그가 오면 좋아할까?
꽃반지를
꽃팔지를
꽃목걸이를….

봄 냄새

너는 돌아왔구나
그 무시무시한 한파를 뚫고서

너는 어김없이 약속을 지켰고
스쳐 가는 사람마다 잃었던 빛깔
다시 찾은 듯 봄을 노래하고
나는 반가운 마음으로 너를 맞이한다

이제 자랑스러운 너를 가슴으로 느끼며
콧구멍으로 들어오는 너의 냄새까지
사랑하고 싶은 가슴엔 훈풍이 인다

스치는 사람들 모두가 기쁨을 웃는데
기다렸던 너를 막상 만나고 보니
너무나 오래 기다렸던 탓일까
반갑다기보다는 피곤이 밀려온다

겨울로 가려던 봄빛 하늘
다시 한번 뒤돌아보면서
냉이의 순박함에 발길 돌린다

달빛 그리움

창가에 와 빤히 쳐다보는 달빛
뭐라고 말을 할 듯
비단결같이 다가오는 달빛의 유혹
진한 그리움과 친구가 되었다

은은하게 쏟아지는 별빛이
침대 위를 넘볼 때
달빛은 더 밝은 빛으로 나를 유혹한다
그 암흑 속을 지칠 줄 모르고
온 밤을 불태우다 서서히 사라지고
지금은 보이지 않는구나

어젯밤에 놀러 왔다 간
노란 달이 오늘 밤 다시 올까
벌써 달이 그립다

봄? 봄!

오늘의 이 바람은
봄이 온다는 신호일까?

한쪽으로 치워 놓았던 눈이
녹지 않으려고 애를 쓰다가
끝끝내
아쉬워
아쉬워서
찔끔찔끔 흐르는 눈물

이것이 가는 겨울 붙잡고 싶은 애착이런가
봄이 온다는 기쁨의 눈물인가

작년까지만 해도
설날이면 호호 불던 손끝
올해는 장갑도 끼지 않고
오늘은 바람마저 훈훈하다

봄 아지랑이

동구 밖엔 봄기운 넘실거리고
쌓였던 눈은 힐끔힐끔 눈치 보며
대문 밖으로 도망을 간다

새싹은 주인 눈치 보며 문지방 넘어오고
봄을 알리는 편지 속엔
봄 노래 한가득

몸이 뻐근하고
나른하다
벌써 봄인가?

대문 문지방을 넘어온
아지랑이는
자꾸만 눈꺼풀을 끌어내린다

행복 찾기

나 자신에게 지지 않기 위하여
나는 강인한 마음으로 살려고 애를 쓴다
그것이 행복으로 가기 위한 첫걸음이기에
그런데 힘들다

행복이 돈이라면
돈을 벌면 되는 거고
행복이 땅이라면
땅을 사들이면 되는 것이지만

행복이 돈이 아니니까 문제
행복이 땅이 아니니까 걱정
행복이 물건이 아니니까 마음이 아파

아픈 가슴 달래면서
지금 걷는 이 길 위에서
행복 찾으려 애를 쓴다

마음 꽃

너는 너만의 아름답고 예쁜 꽃
나는 나만의 싱그럽고 어여쁜 꽃
형형색색의 마음의 꽃

웃음 속으로 전해지는
싱그럽고 어여쁜 마음의 꽃
나는 나대로
너는 너대로
피고 지고 피고 지고
햇살 가득 살랑살랑 마음의 꽃

곱고 고운 향기에 웃음 가득
마음의 향기 풍기며 사는 지금
어두운 과거사의 꽃은 풀 향기 속으로

인간 혁명(人間革命)

그대는 항상 감정을 추스르지 못하고
어리광만 부리는 철부지였는데
언제부터였는지 내 옆으로 고이 다가온
한 떨기 어여쁜 장미꽃이어라

그대는 항상 금방 떨어질 것 같은
꽃잎에 맺힌 진줏빛 이슬방울이었는데
언제부터였는지 온갖 시름 이겨내고
깨끗함과 순수함으로 다가와 미소 짓는
한 송이 고운 연꽃이어라

그대는 항상 흙탕물에 적응 못 하고
달콤한 언어(言語)만을 좋아했는데
언제부터였는지 나에게 다가와
쓰디쓴 언어가 자신을 발전시켰다고 말하는
인간 혁명(人間革命)의 사람이어라

소심

말해야 하는데 말을 해야 하는데
망설임, 뿐
여태껏 만나기만을 기다려놓고
왜! 망설일까

말을 해야 좋을지 하지 말아야 좋을지 몰라
다가온 기회는
또, 그렇게 지나가고 후회를 남깁니다

다음에 만나면 물어볼 거예요. 꼭
당신의 인생에 내가 동행을 해도 되느냐고

내가 하는 말을 거절하면 어떡하나 하고
망설이다가 말 못 하고
또, 그냥 헤어졌어요

나의 당신에게….

내가 본 것은
당신의 화내는 모습이 아니라
진실한 그 마음을 보았습니다

내가 본 것은
당신의 탐욕의 마음이 아니라
근검절약의 마음을 보았습니다

내가 본 것은
당신의 쓰라린 상처가 아니라
아름다운 희생을 보았습니다

내가 본 것은
당신의 겉모습이 아니라
진실한 마음의 강인함을 보았습니다

내가 본 것은
당신이 처한 상황이 아니라
끓는 피와 불타는 영혼을 보았습니다

청보리밭

들판에 청보리는
초록으로 물들고
밭둑엔 민들레 홀씨
사방으로 흩어진다

들판에 바람 부니
청보리는 초록바다
일렁이는 청보리 바람 따라
곱게곱게 춤을 춘다

보리 이삭 싹트는 곳
보리피리 삘 릴 릴리
밀뱀 한 마리 멀뚱멀뚱
눈치 보며 도망간다

싹 틔우는 대추나무
밭둑에서 보초 서고
밭둑에 핀 할미꽃
영감 보기 부끄러워 고개 숙였네

그리운 당신

오늘따라 내 마음속으로
살포시 다가오는 당신
밀어내고 싶었지만
그냥 모르는 척했습니다
나도 당신이 그리웠나 봅니다

그렇게나 미웠던 당신이
오늘은 나를 미소 짓게 합니다
생각조차 하지 않으려고 했는데
나도 당신이 그리웠나 봅니다

그땐 말 많은 당신이 미워서
마주 본다는 자체가 싫었는데
오늘은 당신 생각에 미소가 납니다
나도 당신이 그리웠나 봅니다

사랑의 참맛

사랑이란
너와 나 사이에
끝없이 흐르는 전류와 같은 것

사랑이란
봄 햇살에 아롱아롱 피어오르는
철길가의 아지랑이 같은 것

사랑이란
한여름 갈라진 논바닥에
스며드는 빗물 같은 것

사랑이란
가을 산에
활활 타오르는 산불 같은 것

사랑이란
혹한의 겨울 출퇴근길에
정성스럽게 차려주는 어머니 밥상 같은 것

연못 속 수채화

육칠월 장마철에 가랑비 사이로
잠시 푸른빛 물감으로 수놓은 하늘
잠시라도 더웠나 보다
곱게 단장하고 연못 속에 풍덩

물속에서는 구름이 연못을 도화지 삼아
자연의 변화무쌍함을 잘도 그리고
후덥지근하고 습기 찬 구름이
오늘도 내 머리 위를 흘러간다

젊은 시절 꿈이 연못 위로 내려앉은 지금
보슬비가 습기 머금고 보슬보슬
조용히 연못 위에 퍼진다

먼 산은 말없이 무지개 띄우고
반짝 나타난 햇빛 사이로
파고드는 풀냄새 향수보다 진하다

내가 좋은가 봅니다

바람이 움직입니다. 살랑살랑
이리저리 자꾸만 내게로 다가와
어깨를 토닥이며 지나갑니다
내가 좋은가 봅니다

하늘에 구름이 움직입니다. 자기 마음대로
내리쬐는 햇볕을 가리고 지나가며
웃음을 선사합니다
내가 좋은가 봅니다

도랑물 아래로 부산하게 흐릅니다. 골 따라서
내가 있는 곳까지 끝없이 내려옵니다
어디까지라도 나를 따라올 기세입니다
내가 좋은가 봅니다

산이 부릅니다. 자꾸만
아무 생각하지 말고 무작정 오라고 합니다
말없이 그냥 푸근하게 감싸줍니다
내가 좋은가 봅니다

마음속에 핀 꽃

세상을 살아오면서 보니
각각의 마음에는
가지가지 꽃이 피었네
형형색색 마음의 꽃

너만이 피울 수 있는 아름다운 꽃
나만이 피울 수 있는 싱그러운 꽃
과거사의 꽃도 찬란한 미래의 꽃도
꽃의 환한 웃음 사이로 고운 향기 풍기고

풀 향기 풍기는 아름답고 어여쁜 꽃
싱그럽고 꾸밈없는 소박한 꽃
나는 나대로 너는 너대로
온도 차이는 있겠지만 솔솔 부는 봄바람 같은 꽃

피고 지고 피고 지고
햇살 가득 살랑살랑 마음의 꽃
향기로운 꽃향기에 파묻혀 산다면
너나 나나 얼마나 좋을까

너 부르기

너를 부르기로 한
이 자리에서 불러본다. 너를

하지만 대답이 없다

가끔은 부르기만 하면
쪼르르
달려오곤 했는데. 너는

올 하루도 너 부르다가
그렇게 지나갈 것 같다

화단의 단상

내가 가꾸던 꽃이 진다고
그 꽃을 잊은 적이 없습니다
뽑아낸 적은 더욱더 없습니다

그 꽃이 진다고 뽑아버리면
다음에 볼 수가 없어서가 아닙니다
마음속에 고이 간직한 정 하나
사라질까 두렵습니다

꽃으로 하여금 아름다워진
내 마음이 사라질까 두렵고
세상이 삭막해질까 봐
가슴이 아파져 오는 것을 느낍니다

그 애

오늘 퇴근 후
만나기로 한 그 애

얼른 보고 싶은데
시간은 안 가고
조바심만 난다

지금이 퇴근 시간이면
얼마나 좋을까
하는 생각에 모든 것이
아름답게만 보이는 이 현실

그 애도 그럴까?

이 죽일 놈의 인연

너는 누구를
죽을 만큼
좋아해 봤니

정말 그 사람이 없으면
죽을 것 같디?

난 아직까지 그런 인연을
못 만나봐서 말이야

정말로 목숨을 버릴 만큼
누구를 좋아할 수 있을까?

제5부

춘사월

집착

오늘도 창밖은 어김없이 어둠이 시작되고 있다
내리깔리는 어둠 속으로 한 발짝씩 걸어 나오는 당신을
먼- 기억 속으로 지워버린 지 오래인데
새삼스럽게 내 앞에 외로이 와 있는 당신

어쩌자고 찾아와
추억으로의 여행을 떠나게 하는지 모르겠구려
너와 못다 한 정이라도 있단 말인가
집착은 하지 말자고 했건만

정이라는 기나긴 끈이라도 끊으려고 왔단 말인가
정 끊으려면 오지 않으면 될 것을
이런 것이 미련이라는 건가
아니면 집착이라고 하는 건가?

삶

나는 당신을 목욕탕 안에서
보고 싶습니다
별다른 이유는 없습니다
다만 포장을 하지 않는
그대로를 보고 싶을 뿐입니다

포장한 상태로는
당신의 권위, 권력, 지위
당신의 세련된 모습에
제 생각 제 판단이
엉망이 될 것 같아서요
포장되지 않는 당신과
진실한 대화를 나누고 싶을 뿐입니다

포장하지 않는 대화는
상대방을 편하게 해 줄 것입니다

인생은 속고 속이는 것이라고 하지만
그것은
자신이 마음먹기에 따라
다르다고 봅니다

외로움에

멀리 날아간 홀씨처럼
돌아오지 못하는 걸까
달빛 창가엔 그대 모습 비치고
내 마음엔 외로움만 흐른다

뒷산엔 부엉이 울어대고
달빛마저 구름에 가려
더해가는 외로움

내 맘 아는지 모르는지
달빛마저 구름 속 빠져나와
살짝 웃음 던지고 살아지는 날엔
나는 더욱 외로움에 사무친다

이별

그 사람 찾아와
나 어디 갔느냐고 묻거들랑
저- 멀리 떠났다고 전해 주오

그 사람 찾아와
나 아무 말 없었냐고 묻거들랑
그냥 고개만 좌우로 흔들어주오

그 사람 찾아와
두 눈에 이슬 맺히거들랑
나 또한 그렇게 떠났다고 전해주오

잡초의 미

짓밟히고 꺾이고 잘리어 나가도
노란 피 하얀 피 흘러내려도
한땐 무성히 자라나
아름다움 뽐내며 꽃도 피웠지

오늘은 잘리고 내일은 꺾이어도
새순 틔우련다
잘리고 뜯긴 내 영혼아 이 세상 어디 가도
흙 있고
비 내리고
도랑 흐르니
내 영혼은 꽃과 함께 피어난다

내 영혼아
내 아픈 영혼아
흙 있고 물 있으면 어딘들 못 가랴
이 세상 어디를 가든 다 내 친구인 것을

춘사월

마음이 비좁은 사람은 생각이 많은 사람
생각이 많은 사람은 마음이 붐비는 사람

오늘은
춘사월 초하루
추억을 떠올리게 하는 만우절

마음이 큰 사람은 생각이 단순한 사람
생각이 단순한 사람은 마음이 하늘 같은 사람
대우주와 같은 마음을 가진 사람은
자유 · 평등 · 평화 · 행복을 추구하는 사람

나는 바람을 맞으며 살아간다
살랑거리는 바람은
초봄의 향기로 코를 찌르건만
그래도
나를 감기 들게 하는 댓바람은
싫다 싫어!

갈 날 올 날

내 기분이 좋든 나쁘든
갈 날은 가고
올 날은 온다
세상살이가 고달프다고 한들
갈 날이 가지 않고
올 날이 오지 않는단 말인가

이리저리 오가는 생활 속에서
하루 이틀 사흘 나흘….
갈 날은 이렇게 간다
이리저리 오가는 세월 속에서
봄, 여름, 가을이 오고
겨울엔 붕어빵 장수가 거리에 나오듯
올 날은 또 이렇게 찾아온다

겨울이 가면 봄이 오듯이
괴로운 날이 가면
즐거운 날이 오기 마련이고
괴롭고 어려운 지금의 이 사태도
또한
지나가고 새로운 날이 찾아오리라

추억의 엿장수

골목길 어귀에는
항상 떠드는 소리가 요란했다
어른들 아이들 오가는 발걸음 소리
아이들 싸우는 소리 우는 소리

덩달아 신이 나서
아이들 따라 뛰어노는 삽사리
뒤뜰엔 똘배가
떨어질 듯 말 듯 바람을 약 올린다

골목길 엿장수 가위 소리 울리면
어른이나 아이나 할 것 없이
왁자지껄 고물 조각 들고나와
엿 바꿔 먹기 바쁘다

아랫마을 영수 아제는
멀쩡한 고무신 찢어서 엿 바꿔 먹고
할머니께 혼이 나서
훌쩍훌쩍 하소연에
계면쩍게 웃던 엿장수는….

천생연분

잊으려 해도 잊을 수 없는 사랑
버리려 해도 버릴 수 없는 사랑
내 몸에 새겨진 사랑

저 멀리 버리고 왔어도 뒤따라와서
가슴속에 가만히 안착하는 사랑
거부할 수 없는 내 안의 사랑

미워도 미워할 수 없는 사랑
미워도 다시 한번 인가

맺으려 해도 맺을 수 없고
맺지 않으려 해도 맺어지는 것이
인연이라면 그대와 난
하늘이 맺어준 천생연분인가 봅니다

그립게 시리

그때는 몰랐습니다
그것이 사랑인 줄을
지금 당신이 내 가슴에 뛰어놉니다
해가 뜨고 해가 지고
달이 뜨고 달이 지는 것도
생각 없이 무의미하게 보낸 나날에
내게 다가온 당신을 무관심으로 일관했는데
지금 새삼스럽게 되살아납니다
그립게 시리

그렇게 살아가는 나날 속에
사랑의 주파수가 오간다는 것을
지금에서야 알았습니다
그립게 시리

그 순간 옆에 있는 당신을 위하고
당신을 배려한다는 것이 사랑이라는 것을
이제야 알았습니다
당신을 좋아하고 사랑했다는 사실이
지금에서야 머릿속에 빙빙 맴을 돕니다
그립게 시리

그것이 사랑이란 걸 알았습니다
사랑이여!
두 볼이 뜨겁습니다. 사랑이란 감정의 눈물이
이렇게 뜨거운 줄 몰랐습니다
또다시 그런 날이 온다면 하고 생각이 납니다
그립게 시리

인생의 향기

나는 나대로의 향기가 있고
너는 너대로의 향기를 풍기며
살아가는 세월 속 풍경

세상에 아프지 않은 인생이 어디 있겠는가
어디엔들 아름답지 않은 인생이 있겠는가
당당하게 사는 인생 아름다워라

향기로운 방에 들어가면 향기롭다
긍정의 사람은 세상을 즐기며 산다

그러나 시간이 지날수록
그 향기도
그 즐거움도
자신의 일부가 되어
자신도 모르는 사이
긍정의 사람으로 세상이 즐겁다

유랑

길 가다가 도랑 만나면
손 담가 손 씻고

길 가다가 개울 만나면
발 담가 발 씻고

골짜기 맑은 물에서
입 담가 목축이고

길 가다가 강 만나면 낚시 드리우고
세월 한번 낚아보니
아!
낚이지 않는 세월이 내 마음 조급하게 만든다

계절의 길목

개나리 진달래 봄을 알리고
찔레나무 새순이
여름을 몰고 온다

코스모스 귀뚜라미는
가을로 인도하는 길 안내자
된서리 풍속은 나뭇잎 물들게 하고
우수수 떨어지는 낙엽은 겨울을 예고한다

세월은 온 산천을 안고 가고
세상을 안지 못한 나는
세월 안고 따라간다

오월의 산

새들이 날아와
산이 좋다
들이 좋다
온
천지가 아름답다
우짖는다

머리 위로
산 위로
구름이 떠가고
뒤따라 새들이 난다

구름 떠난 그 자리엔 파란 하늘
세상 내려다보며 싱글싱글
무엇이 그리도 좋은지

인적 끊긴 곳에
홀로 앉은 민들레
오늘도 바람 따라 홀씨만 날린다

무더위

어김없이 다가온 무더위
새벽안개 몰래 내려와
강 위에 산골짜기마다 내리깔리고
새참이면 텁텁한 바람은 불어와
안개를 밀어내고 서서히 더위를 알린다

바람에 밀리는 새벽안개는 내 앞을 가로막는다
서서히 안개가 걷히면
앞에는 기암괴석 뒤에는 산속의 아름다움
오늘도 안개는 끼고 걷히기를 반복하지만
강물과 산속의 아름다움은 자연의 흐름을
그대로 받아 불평 없이 계절을 알려준다

강가의 물풀 버드나무와 같이
산속의 나무와 꽃들처럼
그렇게 모든 것에 감사하며 살자

동춘(冬春)*

눈이 오다가
비가 온다
봄이 오나 보다

봄인데
왜 눈이 오나?

물러가는 겨울이
미련으로 남기는 족적인가 보다

겨울인데
왜 비가 오나

밀려나는 겨울이
서러워서 우는 눈물인가 보다

* 동춘(冬春) : 겨울과 봄 사이.

유구무언(有口無言)

길을 걷다가
한참을 걷다가 옆을 보니
거기엔 또 하나의 길이 보였습니다

내가 걷는 이 길이 험하고 힘들어
아무도 모르게 슬그머니
옆길을 택했습니다

옆길로 걷다 보니 더 험하고 힘들어
아무리 옆을 쳐다봐도
내가 걷는 이 길 외엔 길이 보이지 않습니다
누구를 붙잡고 하소연하려고 해도
하소연할 곳이 없어 가슴앓이하며 걷고 있습니다

가을이 오는 소리

세월엔 가을 발걸음 소리
바람 타고 하늘하늘
소리 죽여 다가오고

하늘엔 푸른 하늘 뭉게구름
가을빛 색깔

귀뚜라미 조심조심
베란다로 들어와
거실로 안방으로 건넛방으로

다시 거실을 거쳐서
베란다로 차례차례 돌며
보금자리 찾는다

호박꽃의 수난

밤이 깊었다
호박꽃들이 피려고
이슬을 충분히 받아 마시면
밤은 서서히 양보하고
멈추었던 걸음을 재촉한다

호박꽃은 그 틈을 활용해 활짝 펴
벌 나비 맞을 준비에 분주하다

해 뜨고 날 밝으면
벌 나비 좋아라고
꽃가루 채집에 여념이 없다

동네 개구쟁이들
벌 잡으려고 이리 뛰고 저리 뛰면
아무 죄 없는 호박꽃
아이들에게 수난을 당한다

관찰(觀察)로 빚은 서정(抒情)

— 여재학 제2시집 『파랑새의 꿈』

윤제철(시인 · 문학평론가)

1. 들어가는 글

사람은 자기 생각을 말로 표현하고 글로 쓸 수 있는 능력을 누구나 지니고 있지만, 시는 정서나 사상 따위를 운율을 지닌 함축적 언어로 표현하는 것이다. 일상에서 만나는 사물과 사건들을 통해서 느껴지는 감각으로 상상력을 동원하여 있는 그대로 보다는 비유로 주제를 감추어 이미지를 결과물로 만들어낸다.

솔직한 표현을 원동력으로 삼고 있어도 매체에게 자신의 말을 시키는데 몰두한다는 것이 쉽지만은 않다. 더구나 첫 시집 『무언(無言)의 연가(戀歌)』를 발간한 지 얼마 안 되어, 두 번째 시집을 내겠다는 원고를 받아들고 놀라지 않을 수 없었다. 대체로 시인들은 시집을 발간하고 나서 보다 나은 시를 써야겠다는 각오를 달리하기 마련이다. 그로 인하여 잘 써야겠다는 부담감을 앞세워 자신감을 잃고 방황의 시간을 만나기 십상이기 때문이다.

그러나 언제나 내면의 마음을 아름답게 가꾸는 시심을 잊지 말라 하시던 스승이신 이케다 다이사쿠(池田大作) 선생님의 말씀을 생활화한 여재학 시인의 창작 신조에서 비롯된 결과로 믿는다. "봄처럼 싹을 내밀고 세상의 봄처럼 꽃을 피웠다"는 여재학 시인의 속마음은 아직도 부끄럽게 세상의 독자들에게 내놓는 시집은 여전히 조심스럽게 생각하고 있다.

제2시집은 1부는 「파랑새의 꿈」에서 기대와 인내, 2부는 「싫증 난 참선」에서 좋음의 이미지와 실리 추구, 3부는 「별이다」에서 노력과 즐거움, 4부는 「너 부르기」에서 사랑과 행복, 5부는 「춘사월」에서 갈등과 현실도피로 나누어 구성되었다.

2. 관찰(觀察)로 빚은 서정(抒情)

① 「파랑새의 꿈」에 담긴 기대와 인내

꿈은 삶의 간판이다. 이루어진다는 보장은 없어도 꾸준하게 노력하면 그대로는 아니더라도 정도에 따라 조금은 이루어진다. 기다리는 즐거움을 놓지 않고 이루어진다는 신념은 언제나 가슴을 부풀게 한다. 그리고 허물어지지 않는 튼튼한 토대가 된다.

꿈은 가까이하기에 너무나 먼 당신이기도 하다. 철길처럼 늘 곁에서 바라다보면서도 한 번도 만날 수 없는 기하학적인 존재로 남을 수도 있다는 가정을 떨칠 수 없다.

그러나 꿈은 인생의 봄을 맞으며 뿌려놓는 씨앗이다. 부지런하게 물 주고 거름 주고 김매기 하며 정성을 다하는 만큼 결실을 맺는다는 믿음으로 희망을 만들어준다.

> 새야 파랑새야
> 너의 꿈
> 나에게 줄 수 없겠니?
> 나는 꿀 수 없단다
> 누구나 꿀 수 있는 꿈을….
>
> 네 꿈이 좋은 줄 모르겠는데
> 모든 사람이 네 꿈을 그리워하니까
> 나
> 또한, 네 꿈이 그리워서….
>
> 이 풍진 세상을 살려고 하니
> 나도
> 네 꿈이 필요할 것 같아
> 오늘도 파랑새 꿈 좇아 길 떠난다
>
> ―「파랑새의 꿈」 전문

누구나 갖고 있는 꿈은 희망 사항이다. 그 꿈이 이루어지든 이루어지지 않든 갖고 있기에 기대하며 살고 있는 것이다. 갖고는 있지만 마음에 들지 않는 꿈은 아무 소용이 없다 하더라도 파랑새에게 매달려 갖고 있는 꿈을 모든 사람이 그리워하니까 화자는 받고 싶은 것이다. 꿈은 없는 것보다는 있는 것이 좋고 작은 것보다는 큰 것이 좋다고 했다.

파랑새는 우리에게 희망을 의미한다. 희망은 행운과 행복이다. 행복은 생활에서 기쁨과 만족감을 느껴 흐뭇한 상태다. 마음먹기에 따라서 행복은 가까이에서 우리를 기다리고 있다. 그럼에도 불구하고 행운을 행복으로 알고 좇아다니는 것이다.

남과 다르지 않게 여재학 시인도 파랑새의 꿈이 필요하다. 삶의 원천은 하나의 목표를 달성하고자 의욕을 불살라 온갖 열정을 다 바치는 데에 있다. 이 풍진 세상을 산다는 것은 더구나 자신의 의도와는 관계없어도 남들이 좋다 하면 어쩔 수 없이 좋아 꿈을 선택한다. 여재학 시인은 파랑새의 꿈을 매체로 자신이 하고 싶은 말을 은유로 묘사하는 데 성공하고 있다.

> 무슨 철천지원수라도 되는가
> 서로 마주 보고 눈 흘기며
> 오늘도 평행선이다
>
> 떼놓으려 해도 떼놓을 수도 없는 사이련만
> 서민들은 열차 위에 삶을 싣고
> 불안한 철길 위를 조바심 안고 달리는데
> 오늘도 변함없이 허세만 부린다
>
> —「철길」 일부

어느 점에서도 만나지 않는 동일 평면상의, 둘 또는 둘 이상의 직선을 평행선이라 한다. 흔히 우리는 대립하는 둘의 의견이나 관계가 변화나 양보 없이 같은 상태인 채로 있는 일을 비유적으로 이르는 말로 많이 쓰이고 있다.

밥을 먹으면서 말도 없이 밥만 먹으면 서로 싸웠냐고 묻던 어른들의 말씀을 떠올리게 한다. 서로 마주 보기만 하고 말을 주고받지 않는 사이가 분명하기 때문이다. 남의 일이란 다 그런 것일까, 떨어질 수 없는 존재라는 것을 망각하고 생각나는 대로 말하고 마는 세상이다. 기차를 탄 사람들은 철길을 믿고 달리는데 서로는 못 이겨서 마음을 딴 데 두고 있다. 어떤 불상사가 일어날지 모르는 우려를 감내해야 하는 순간을 맞는다.

아무 생각도 없는 물체인 철길을 사람처럼 비유하여 철길을 매체로 선택하고, 그 형태와 구조 관계를 설정하여 행과 연으로 이해의 완급을 조절하여 겉과 속이 다른 사람들의 양면적인 내면의식의 흐름을 밀도 있게 펼치는 표현전략에 성공하고 있다.

②「싫증 난 참선」에 담긴 좋음의 이미지와 실리 추구

세상은 타고난 모습으로 살기를 거부하고 있다. 뜯어고쳐서라도 팔자를 고치겠다는 사고방식으로 팽배해있다. 솔직한 것보다는 임기응변으로 진실을 찾기란 하늘에 별 따기가 되었다. 진실하다와 솔직하다는 사라져가고, 오히려 눈치 없는 어리석음으로 눈치를 보아야 할 판이다. 참 좋은 사람은 어떤 사람일까의 정답은 감춰져 있다. 그리고 지금 그대로는 가려져 있다. 언제부터 돌연변이처럼 우리의 사고방식을 뒤흔들고 있다. 화자는 참다못해 싫증 난 참선에 준엄하게 꾸짖고 있다.

참 좋은데 그 사람이
왜 좋은지 얼른 생각이 나지 않네요
그 사람이 어디라고 꼬집을 데 없이
다— 좋으니까 그렇겠죠

… 중략 …

내가 아파할 때 살며시 다가와
술 한잔하자던
시작도 없고 끝도 없이 좋은 사람
그 사람은 바로 당신이랍니다

—「참 좋은 사람」 일부

좋다는 것은 성질이나 내용이 보통 이상이거나 우수한 것을 말한다. 어떤 대상과 비교가 되어야 한다. 좋긴 좋은데 왜 좋은지 모르는 그런 사람 이야기다. 잘해주거나 잘난 것도 아닌데 좋은 이유를 모르겠다. 아파할 때 술 한잔하자던 좋은 사람이 바로 당신이란다.

내가 좋아하는 사람만 보고 산다. 나를 좋아하는 사람은 눈에 보이지 않을 뿐만 아니라 관심 밖에 존재들이다. 모르고 지내다가 나중에 알고 나서 미안해 마음이 아플 수가 있다. 결국, 모두를 가리지 말고 좋아해야 하는 대상으로 삼아야 한다.

참이란 그 정도가 크거나 사실성이 짙다는 뜻으로 쓰이는 말이다. 기왕이면 나쁜 사람보다 좋은 사람으로 사는 것이 좋겠다. 꼭 이유가 있어서 좋은 것보다 아무 계산 없이 그냥 좋은 것이 낫다. 참 좋다는 이미지를 선명하게 밝혀주는 시어의 선택이 돋보인다.

꾸밈없는 당신
지금 그대로가 좋아요

수수한 옷차림에 중년의 꽃으로
털털하게 사는 당신
지금 그대로가 좋아요

—「지금 그대로」 일부

꾸밈이 없이 털털하게 지금 그대로 남들에게 피해주지 않고 눈치 안 보며 사는 당신, 공명정대하고 공사가 분명한 당신, 마음이 너그럽고 누구에게나 웃어주는 당신이 지금 그대로 사는 것이 거짓 없이 솔직하게 믿을 수 있어 좋다.

잘 보이려고 거짓으로 꾸며 우선 당장을 눈앞을 가리고 나서 나중에 전혀 다른 모습으로 괴롭히거나 해를 끼치지 않는 있는 그대로 변하지 않을 당신이 좋다. 화려하지 않아도 수수한 중년의 꽃으로 너그러운 지금 그대로의 모습으로 가 좋다.

지금 그대로는 남의 눈에 띄지 않고 자신의 권리보다는 의무를 다하는 반듯한 존재를 말한다. 추상적인 사물이나 개념에 상대하여 그것을 상기시키거나 연상시키는 구체적인 사물로 나타내는 조각을 맞추어 가는 퍼즐처럼 알찬 인간상을 세우고 있다.

③「별이다」에서 본 노력과 즐거움

별은 하늘에도 있고 이 세상에도 있다. 과거의 어려움을 달래주던 별은 이제 보이지 않는다. 자신이 하는 일에서 두각을 발휘한 사람들이나 특히 대중들로부터 높은 인기를 얻는 연예인이나 운동선수를 이르는 말, 또한 별이라 칭하고 바라보며 위로하며 산다.

모든 것을 바쳐 자신의 성공 보다 주인의 성공을 위해 혼신의 노력을 다한 신발이나 꽃 피는 날이 봄날이라는 최고의 날을 만드는 당신의 열정을 여재학 시인은 별이라 부른다. 어제도 오늘도 그리고 내일도 변함없는 별들의 희생과 사랑을 받고 산다.

누가 내 맘을 알겠는가
낡고 냄새나고 아픔이 있는

이리저리 끌려다니며
돌덩이에 차이고
흙먼지에 콱콱 숨이 막혀 와도
주인 허락 없이는
편히 쉬지도 못하는 삶

이내 몸 너덜너덜 만신창이 되어
제발 날 쉬게 해 달라고 떼를 써도
무시해버리는 주인이 얄밉기만 하다

—「신발」 전문

신발은 걸어 다닐 때 발을 보호하고 장식할 목적으로 신고 다니는 물건을 통틀어 이르는 말이다. 말을 다 하지 못하는 낡고 냄새나는 아픔이나 흙먼지에 숨 막히고 쉬지 못하는 삶을 누가 말해줄 수 있을까, 그저 너덜너덜 만신창이 되어 쉬고 싶다 하여도 무시하는 주인 곁에 묵묵히 참고 견디는 신발의 푸념이 귀에 들려온다.

한번 인연이 맺어지면 떨어질레야 떨어질 수 없어 한 몸이 되어 붙어 다녀야 하는 운명을 거부하지 못해 받아들이고 나서 버려지기만을 고대하는 삶이 어떤 것인가, 비록 가난한 생활을 하면서도 귀한 흔적을 남기는 귀한 걸음을 걷는 데 사용되는 도구다.

신발이 없으면 한순간도 어떤 목적지라도 이동을 할 수 없다. 신발의 도움을 받아야 정상적인 사람으로 인정받을 수 있다. 있을 땐 모르지만 없을 때의 불편함은 한두 가지가 아니다. 단순한 신발이 아닌 시어의 결합은 삶의 한가운데서 빛나는 별을 만들고 있다.

꽃 피는 날에
봄이라는 문 활짝 열고 맞으려 하네
내가 좋아하는 시(詩)에 음률 맞춰 바치려 하네
하얀꽃
노랑꽃
빨강꽃
초롱꽃 들고서 열린 내 가슴속으로
들어온 당신이 내 마음 진정시켜주었네

꽃 피는 날 기다랗고 넓은 하늘에
당신 닮은 꽃구름이
날 보고 웃어주네

—「꽃 피는 날에」 일부

봄날이 따로 있지 않고 웃는 날이 봄날이다. 봄날에

당신이 시(詩)에 음률 맞춰 바치려 하고, 꽃을 들고 나를 진정시켜주려 했다. 당신 닮은 꽃구름이 웃고 민들레 홀씨도 그대 따라 미소 짓는다. 꽃 피고 희망찬 앞날이 봄날이다.

삶의 승패를 좌우하는 것은 모든 면에서 걱정과 부담이 있고 없음에 따른다. 여재학 시인은 꽃 피는 봄날의 풍경 속에서 내면의 흐름을 거짓 없이 솔직하게 함축, 은유, 상징의 요소를 통하여 자연의 섭리 안에서 누릴 수 있는 즐거움을 감각적으로 느끼고 있다.

시의 전율을 압도하는 주체는 당신이다. 당신은 봄의 문을 열거나 꽃을 들고 내 가슴 속으로 들어와 날 보고 웃어주는 꽃구름을 당신으로 비유하고 있다. 위대한 당신은 반듯이 이성의 어떤 상대라고 정할 수는 없다. 즐겁고 기쁘게 해주는 사물과 사건일 수도 있다.

④「너 부르기」에서 찾은 사랑과 행복

사람들은 연탄이 서로 붙어 재가 되도록 타는 사랑을 노래하였지만, 살신성인을 강요한다는 아견(我見)을 던졌다. 뿐만 아니라 타버린 연탄을 떼어내고 갈아떼어버리는 것조차 달갑지 않다. 또한 행복이 무언지도 모르는 사람들이 찾아 나서지만 곁에 있어도 보지 못하는 측은한 사람들이 많다. 행복이 물건인 줄 알고 돈으로 사려는 사람도 있고 가관이다.

너와 나는 어제 밤새껏 정열을 불태웠지
활활 마음껏 말이야

이제는 죽어도 여한이 없어
이 내 몸 하얀 재가 될 때까지
사랑을 불태웠으니

하룻밤 풋사랑이지만
죽어서도 붙어있으려고 했는데
우리의 사랑을 떼어놓고선
다른 놈 붙여주며 같이 있으라고 하네

알지도 못하는 놈과 붙으니 괜히 어색하네
또!
나의 몸 불살라야 하나
사랑이란 이런 건가

사람들은 왜 우리에게 강요하는 걸까
살신성인(殺身成仁)을….

—「연탄」 전문

연탄은 무연탄을 주원료로 하여 여기에 탄화물과 석회를 섞어서 가루로 만든 뒤 굳힌 원통형의 고체 연료다. 지금은 예전처럼 많이 쓰이지 않지만, 도시가스가 설치되지 않은 곳에서는 여전히 쓰고 있다. 까만 연탄의 불꽃이 하얗게 탈 때쯤 다른 것으로 연달아 갈아주었다.

불타버린 밑에 하얀 탄은 꺼내서 버리고 불붙은 탄 위에 다른 연탄을 갈았다. 연탄은 다른 탄이 싫었어도 시간이 어중간해도 한밤중이나 새벽녘이나 불을 꺼트리지 않으려면 제시간에 불을 갈아야 했다. 시간을 놓치면 불을 꺼트리고 불을 붙이느라 고생하곤 했다.

연탄은 사람들이 알지도 못하는 놈하고 같이 몸을 태우는 게 사랑이라며 자기 몸을 희생하여 인(仁)을 이루게 하는 것이 싫었다. 연탄을 의인화한 비유가 입장을 바꿔 사람들의 행태를 나무라며 사랑의 정의를 반문을 통하여 반전을 시도하고 있다.

행복이 돈이라면
돈을 벌면 되는 거고
행복이 땅이라면
땅을 사들이면 되는 것이지만

행복이 돈이 아니니까 문제
행복이 땅이 아니니까 걱정
행복이 물건이 아니니까 마음이 아파

아픈 가슴 달래면서
지금 걷는 이 길 위에서
행복 찾으려 애를 쓴다

—「행복 찾기」 일부

행복을 만든 물건처럼 돈 주고 사려하고 아무 데나 쌓여 있는 것인 줄 안다. 모든 생활의 목표가 행복이다. 그러기 위해 자신을 이겨야 하고 강인한 마음을 지녀야 한다. 그래야 행복을 찾을 수 있다고 생각한다. 행복은 돈이거나 땅, 그리고 물건도 아니다.

행복은 세 잎 토끼풀처럼 이 땅 위에 널려 있다. 그럼에도 네 잎 토끼풀만 행복인 줄 행운만을 고집하며 집착하여 찾는다. 다만 자신을 이기는 것만 능사다. 행복은 평범하지 않고 충격을 요구하며 특별한 것이라는 인식에 사로잡혀있다. 불행의 시작은 여기에서 시작되는 것이다. 금광이라도 찾는 것처럼 이 세상 끝까지 뒤지고 산다.

욕심으로 가득 찬 창고 같은 사람들은 행복을 찾지 못한다. 오히려 행복은 우리를 찾아주기를 기다리고 있다. 화자는 답답하기만 하다. 눈높이를 너무 높게만 두고 있다. 땅 위에 행복을 땅속에서 보물을 찾고 있다.

⑤「춘사월」과 함께 맞이하는 갈등과 현실도피

일상의 모든 일들은 목적을 가지고 있다. 희망을 갖고 시작해서 꼭 이루어지기를 계획이나 구체적인 실행 방안도 없이 집착한다. 한 해의 문을 열고 생동하는 춘사월의 각오란 더 말할 나위가 없다. 한번 맞이하고 마는 것도 아닌 이 시기를 작심삼일로 변함이 없다.

시작만 하면 금세 가버리는 시간은 후회를 남긴다. 그리고 변명의 여지가 없는 유구무언이다. 지나간 시간은 대수롭지 않게 버리고 다가오는 시간만을 귀하게 맞이할 뿐이다. 내면의 갈등과 현실도피의 연속선상에서 복잡한 세태를 춘사월의 바람과 함께 맞이한다.

> 오늘도 창밖은 어김없이 어둠이 시작되고 있다
> 내리깔리는 어둠 속으로 한 발짝씩 걸어 나오는 당신을
> 먼- 기억 속으로 지워버린 지 오래인데
> 새삼스럽게 내 앞에 외로이 와 있는 당신

어쩌자고 찾아와
추억으로의 여행을 떠나게 하는지 모르겠구려
너와 못다 한 정이라도 있단 말인가
집착은 하지 말자고 했건만

정이라는 기나긴 끈이라도 끊으려고 왔단 말인가
정 끊으려면 오지 않으면 될 것을
이런 것이 미련이라는 건가
아니면 집착이라고 하는 건가

—「집착」 전문

집착은 어떤 것에 대해 계속해서 얽매여, 계속해서 마음이 쓰이는 것을 말하나 미련은 품었던 감정이나 생각을 딱 끊지 못함이니 한 사물 현상은 다른 사물 현상의 원인이 되고, 그 다른 사물 현상은 먼저 사물 현상의 결과가 되는 관계다.

잊혀진 지 오랜 기억이 어둠이 깔리는 데 나타나 아픈 과거를 들추려 하는가, 못다 한 정이 남아있을 리 없는 걸 또다시 끊으려 하는가, 상대방에게 강하게 떠밀려 하지만 오히려 화자의 심정이 어지러움을 강조하고 있다. 다시 떠오른 기억이 원망스럽기만 하다.

어떤 내용의 기억이든지 마음먹은 대로 이루어지지 않은 사실에 대한 아쉬움이나 원망스러움을 애써 잊었다가 본의 아니게 떠오르는 것이다. 아직도 일말의 가능성이 남아 떨치지 못하는 것은 아닌가, 집착의 이미지를 증폭시키는 내면의식의 갈등이 심화되고 있다.

3. 나오는 글

여재학 시인은 이 세상을 사는데 꿈이 필요하다며 오늘도 파랑새 꿈을 좇아 길을 떠난다. 꽃을 들고 내 가슴 속으로 들어와 날 보고 웃어주는 꽃구름을 당신으로 비유하여 매체와 대화를 나누는 것을 습관화하고 있다. 첫 시집을 내는 데 10년을 보내면서 망설임과 미룸을 반복하다가 제2시집에 임하는 마음가짐은 사뭇 달라 보인다.

보다 적극적으로 사물과 사건을 접하고 상상 속에서 많은 대화를 나누었다. 대화는 두 가지로 나눌 수 있다. 주로 상대의 이야기를 듣는 입장이거나 상대에게 이야기를 하는 입장이다. 여재학 시인은 후자에 속하면서 보다 활발한 사고력을 발휘하려 한다.

좋아하는 사람을 말하라면 나에게 잘해주는 것도 없는데 왜 좋아지는지 모른다면서, 내가 아파할 때 살며시 다가와 술 한잔하자던 시작도 없고 끝도 없이 좋은 그런 사람이라고 한다. 하지만 「연탄」에서 하룻밤 풋사랑이지만, 죽어서도 붙어 있으려고 했는데 우리의 사랑을 떼어놓고선 다른 놈 붙여주며 같이 있으라고 하는 것에 대하여 알지도 못하는 놈과 붙으니 괜히 어색하다고 말하기도 했다.

여재학 시인의 시를 읽다 보면 일상에서 만나는 사람이나 사물, 그리고 사건을 대상으로 관찰하고 형태나 색깔, 그리고 소리를 통해서 감각적으로 느껴지는 시상을 만나길 즐겨하는 가운데, 상상력을 동원하여 풍부한 어휘력과 탁월한 시어의 선택으로 새롭게 표현 전략을 펼쳐놓고 있다. 시를 쓴다고 따로 시간을 정해

놓고 쓴 흔적은 없다. 생활 속에서 시상을 만나면 현장에서 메모를 하는 살아있는 생동감을 어느 시에서든지 우리에게 전율을 느끼게 하는 마력을 지니고 있다.

시집 전체를 5부로 나누어 구성한 시편들을 요약하여 되새겨 시집 『파랑새의 꿈』에 담긴 여재학 시인의 시세계를 다음과 같이 정리하고자 한다.

제1부 「파랑새의 꿈」에서 꿈이 나에게 오기기를 기다리지 말고, 내가 꿈에게 다가가 소통을 시도하여 소통을 기대하는 것에 치우치지 않고, 서로 마주 보면서도 무슨 생각을 가지고 있는지 알려고 시도를 한 번 하지 않고 먼 산만 보며 시간을 죽여 온 외면과 냉정의 시간 속에 인내를 곱씹어 보고 있다.

제2부 「싫증 난 참선」에서 자신이 좋아하는 대상에서 자신을 좋아하는 대상까지 좋다는 이미지의 시야가 확장되면서 바꾸어 보려는 시도에 적극적이지 못해 소극적으로 실리를 추구하는 화자 자신을 발견한다.

제3부 「별이다」에서 대부분의 별은 거의 빛이 나지만, 빛이 나게 하는 별도 있다. 자기 자신이 하고 있는 일에 목표를 달성하는 순간을 꽃이 핀다고 말한 것처럼 각각의 목표가 다를 뿐이다. 실행자로서 조력자로서 노력의 결과로 얻어지는 즐거움을 만끽하는 것이다.

제4부 「너 부르기」에서 재가 되도록 연탄을 태우는 걸 사랑이라 하고, 다 탄 연탄재를 떼어 새것과 바꿔놓아 낯설게 마주하는 것을 연탄은 싫었다. 돈을 주고 사려는 행복이 곁에 있어도 알아보지 못하는 사람들이 행복을 찾아 헤매고 있다.

제5부 「춘사월」에서 잊은 듯 오랜 기억이 그 당시로 떠밀려 안타까움을 만난다. 미련과 집착의 갈등이 날을 세운다. 마치 삶의 갈래길에서 선택해야 할 길이 어렵지 않은 곳으로 정하려 겪었던 고민과 같다. 이제 와 부질없는 결과를 놓고 할 말을 잊는다.

다양한 삶의 체험에서 우러나는 생각과 느낌에서 선택된 매체와 모든 것을 내려놓고 주고받는 감정의 교류를 통하여 자신만의 시세계를 구축하는데 몰두하고 있다. 정신적인 면에서 창작은 물질적인 발명과 같아서 세상을 놀라게 하지 않으면 안 된다는 문학관에 대한 강한 신념을 갖고 있다. 여재학 시인의 시를 먼저 읽을 수 있어 영광이었고, 다음 시집에 대한 기대에 가슴이 설레게 된다.

문학세계대표작가선 923

파랑새의 꿈

여재학 제2시집

인쇄 1판 1쇄 2020년 5월 8일
발행 1판 1쇄 2020년 5월 15일

지 은 이 : 여재학
펴 낸 이 : 김천우
펴 낸 곳 : 도서출판 천우
등 록 : 1992. 2. 15. 제1-1307호
주 소 : 서울시 성동구 무학봉28길 6 금용빌딩 2F
전 화 : 02)2298-7661
팩 스 : 02)2298-7665
http://moonhak.wla.or.kr
E-mail : chunwo@hanmail.net

값 10,000원

ISBN 978-89-7954-810-5

이 도서의 국립중앙도서관 출판예정도서목록(CIP)은 서지정보유통지원시스템 홈페이지(http://seoji.nl.go.kr)와 국가자료공동목록시스템(http://www.nl.go.kr/kolisnet)에서 이용하실 수 있습니다. (CIP제어번호: CIP2020018160)